COMPRENDRE
LA LITTÉRATURE

MIXTE
Papier issu de sources responsables
Paper from responsible sources
FSC® C105338

EUGÈNE IONESCO

Rhinocéros

Étude de l'oeuvre

© Comprendre la littérature.

22 rue Gabrielle Josserand - 93500 Pantin.

ISBN 978-2-75930-344-1

Dépôt légal : Août 2023

Impression Books on Demand GmbH

In de Tarpen 42

22848 Norderstedt, Allemagne

SOMMAIRE

- Biographie de Ionesco.. 9

- Présentation de *Rhinocéros*... 15

- Résumé de la pièce.. 19

- Les raisons du succès.. 27

- Les thèmes principaux... 33

- Étude du mouvement littéraire.................................... 41

- Dans la même collection... 47

BIOGRAPHIE
EUGÈNE IONESCO

Eugène Ionesco est né le 26 novembre 1909 dans la Petite Roumanie d'avant 1914. Il est le premier enfant né de l'union entre Eugen Nicolas Ionescu et Marie-Thérèse Ipcar. Son père, né en 1881 à Iasi, capitale de la Moldavie, étudie à Bucarest, puis devient professeur de dessin industriel à Iasi. Il retourne à Bucarest pour y exercer la fonction de sous-directeur d'une école d'arts et métiers. Peut-être originaire de Galicie, sous-souveraineté austro-hongroise, la famille maternelle a des liens très forts avec la France. Si la mère d'Eugène Ionesco a la nationalité française à la naissance, elle le doit à son père Jean Ipcar, ingénieur électricien de formation qui aurait travaillé à la Société des chemins de fer roumains. Ionesco est donc Roumain par son père et d'ascendance française par sa mère. Jean Ipcar meurt à Paris en 1924 et sa femme Areta Ipcar à Nanterre en 1933, ce qui confirme le lien de la famille Ipcar avec la France.

L'enfance de Ionesco, nous la connaissons à travers son autobiographie parue en 1969 : *Découvertes*. L'écrivain donne à voir les étapes fondatrices de sa croissance, des expériences de son adolescence jusqu'à sa maturité. Les évènements sont inspirés de souvenirs et de reconstitutions. Son sens de l'observation s'aiguise très vite et déjà Ionesco distingue dans ce qui l'entoure le connu de l'inconnu, la mobilité de l'immobilité. C'est l'occasion pour lui de contester le fait que la pensée soit le produit du langage et il affirme l'inverse : « Pleurer, crier, c'est indiscutablement penser et exprimer sa pensée… Avant que la société ne me fournisse un vocabulaire, j'en créais un moi-même. » Comme tout un chacun, Ionesco s'adresse « à la création, à toute l'humanité, au cosmos tout entier ». En 1911, il a une petite sœur, Marilina. La famille Ionesco quitte alors la Roumanie et s'installe à Paris. Ionesco grandit avec la vision d'une Roumanie dispersée dans diverses provinces comme la Transylvanie et partage le rêve d'une Grande

Roumanie. Au début du XXᵉ siècle, ce pays où naît Eugène Ionesco a des institutions politiques, une capitale qu'on surnomme « Le Petit Paris », une vie culturelle et mondaine qui évoque et imite la France. Mais la population terrienne est archaïque, surveillée par les fonctionnaires de l'État. Ionesco grandit entre ces deux mondes, celui d'un Orient encore féodal, où le servage n'est pas si loin, et celui d'un Occident qui exalte les libertés individuelles. Ionesco développe une sensibilité tourmentée par le spectacle de désastres historiques de l'espèce humaine. Peu à peu, il s'immunise des entraînements idéologiques qui conduisent beaucoup d'intellectuels parmi les plus distingués à d'étranges complicités.

Il vit à Paris avec sa famille de 1910 à 1922, dans des lieux de séjour qui se succèdent. Ionesco fréquente l'école de la rue Dupleix mais regagne la Roumanie en 1922. La famille vit inconfortablement, et le couple désuni ne cesse de se disputer. L'espace et l'argent manquent, les enfants encombrent. En 1912, Eugène et Marilina ont un petit frère qui, victime d'une méningite, meurt à l'âge de dix-huit mois. Survient la guerre de 1914, l'Europe s'embourbe dans le sang. La Roumanie sauvegarde sa neutralité pendant un temps seulement. Lorsqu'en 1916 la Roumanie se rallie aux puissances de l'Entente, le père de Ionesco est rappelé dans son pays et laisse sa famille à Paris. Eugène Ionesco le déplore et accuse son père d'abandon. Cette même année, il est séparé de sa mère et placé dans un foyer. Lorsqu'il fait son service militaire en Roumanie en 1933, il renouvelle l'expérience de la vie collective qui lui inspire la même répulsion ; cette hantise le poursuit. Dans les années 1922, il retrouve sa famille maternelle. En 1923, bilingue, il est admis dans le plus grand lycée orthodoxe de Bucarest. En 1928 il obtient le baccalauréat, en 1932 une licence en philologie moderne puis en 1934 l'équivalent du CAPES ou de l'agrégation actuels qui lui permet de devenir professeur de français. En 1936, il épouse Rodica Burileanu. Trois ans plus tard, sa mère meurt. En 1938, il reçoit une bourse de l'Institut français de Roumanie pour faire un doctorat en France. En 1940, il est de retour dans son pays. Face à l'activité littéraire foisonnante du fils, les relations avec le père sont difficiles.

Même s'il s'y sent exilé, c'est à Bucarest qu'Eugène Ionesco publie ses premiers textes dans des revues à partir de 1928. En 1934, il écrit son premier essai *Non*, très polémique et qui sapait déjà les fondements de la critique. De plus en plus inquiet de la montée du fascisme et du nazisme dans son pays, il regagne la France et s'y installe définitivement en 1942. C'est en 1949 qu'il compose sa première pièce, *La Cantatrice chauve*, montée à Paris l'année suivante. Il est d'abord ignoré du public et de la presse. Mais à partir de 1951 avec *La Leçon*, *Les Chaises* l'année suivante, *Victimes du devoir* en 1953, *Amédée ou comment s'en débarrasser* en 1954, il voit que son théâtre suscite rapidement des réactions passionnées et contradictoires. Il s'inspire de formulations d'usage et pousse jusqu'à un illogisme explosif la stupidité du langage et du comportement d'individus moyens et sûrs de leurs vérités. Après *Rhinocéros* écrit en 1958, ses pièces se colorent d'une noirceur désenchantée et acquièrent une dimension philosophique : *Le Roi se meurt* en 1962, *La Soif et la Faim* en 1965, *Macbett* en 1972, *Voyage chez les morts* en 1980. Ces dernières œuvres possèdent malgré tout un certain charme enfantin que l'on retrouve dans *Découvertes*. Il entre à l'Académie française en 1970. L'année suivante, il interprète un film dont il a écrit le scénario : *La Vase*. Il est aussi l'auteur d'un roman, *Le Solitaire*, qui date de 1973, de journaux intimes recueillis dans le *Journal en miettes* (1967-1968), et de peintures à la gouache. Eugène Ionesco meurt en 1994.

PRÉSENTATION RHINOCÉROS

C'est à la demande de Geneviève Serreau, secrétaire de rédaction des *Lettres nouvelles* et épouse du metteur en scène Jean-Marie Serreau, que Ionesco rédige *Rhinocéros*. Le récit est publié en 1957, puis repris dans les *Cahiers Renaud-Barrault* et dans *L'Avant-Scène* avant d'être inséré dans le recueil intitulé *La Photo du colonel* publié aux éditions Gallimard en 1962. Il s'agit d'une nouvelle qui repose sur l'alternance du mode narratif et de scènes dialoguées. Elle s'organise en plusieurs parties que l'on retrouve par la suite dans les tableaux de la pièce de théâtre. La nouvelle sert d'ébauche à la pièce. Le dramaturge construit un réseau d'analogies, de thèmes, de noms, de dialogues repris à la lettre, ainsi qu'une atmosphère insolite, qui unissent le conte à la pièce de théâtre. La particularité du genre dramatique par rapport au genre narratif engendre des différences. Ainsi, les personnages mineurs qui créent une atmosphère réaliste et servent de chœur, puis le long monologue final, n'existent que dans la pièce. Le personnage de Bérenger dans la pièce est plus incisif. L'accélération du rythme dans les tableaux crée une impression d'encerclement progressif qui achemine implacablement les spectateurs vers la catastrophe.

La pièce, composée de trois actes et de quatre tableaux, est écrite immédiatement après *Tueur sans gages* (1957) qui fait entrer en scène le personnage de Bérenger et marque un tournant dans la dramaturgie de Ionesco. Ce héros réapparaît dans les trois œuvres ultérieures *Rhinocéros*, *Le Piéton de l'air* et *Le Roi se meurt*. Brusquement, Ionesco monte le drame sur la scène du monde. La pièce est jouée en Allemagne dès 1959, en France à partir de 1960 au Théâtre de l'Odéon à Paris, mais également en Italie et en Pologne. On sort des conflits familiaux pour pénétrer dans la cité où règne le mal que Bérenger découvre avec effroi.

RÉSUMÉ DE LA PIÈCE

Acte I

L'action, comme l'annoncent les premières didascalies, se déroule sur la place d'« une petite ville de province ». S'ensuit la description d'une épicerie puis celle d'un café. Ces deux commerces se présentent de façon identique : il s'agit à chaque fois d'une maison composée d'un rez-de-chaussée et d'un étage avec fenêtres. La rue qui les sépare de chaque côté de la scène permet aux personnages d'entrer en contact les uns avec les autres. Le premier acte s'ouvre sur un dimanche midi ensoleillé, en été. Le carillon du clocher que l'on peut apercevoir derrière l'épicerie résonne avant le lever du rideau et quelques secondes après. Une femme avec un panier vide et un chat sous l'autre bras traverse la scène, pendant que l'Épicière la regarde. L'Épicière est la première à prendre la parole en s'adressant à son mari. Puis une autre didascalie présente physiquement Jean et Bérenger avant leur entrée en scène. Le premier est correctement habillé (costume marron, cravate rouge, chapeau marron, chaussures cirées, « rougeaud de figure »), tandis que l'autre se démarque par son manque de soin ainsi qu'un air d'hébétude (sans chapeau, non rasé, mal peigné, vêtements sales). Ils s'étaient donné rendez-vous au café mais Bérenger arrive en retard. Jean, autoritaire, le lui reproche, et l'accuse d'avoir une nouvelle fois trop bu. Ils discutent tout en s'installant à la terrasse, Jean ne cessant de conseiller à Bérenger d'adopter une hygiène de vie plus saine. Bérenger, toujours léthargique, se confie à son ami et avoue s'ennuyer au quotidien. Il explique alors que l'alcool le console. Le ton monte à mesure que le bruit de fond s'impose. Jean s'interrompt enfin pour demander ce qu'est ce bruit. La serveuse reprend sa question puis tour à tour Jean, l'Épicière, l'Épicier, le Logicien, la Ménagère (qui n'est autre que la femme au chat et au panier vide), la Serveuse, le

Patron du café, le Vieux Monsieur, tous à l'exception de Bérenger, voient passer un rhinocéros et s'écrient : « Oh ! Un rhinocéros ! » À la suite de quoi chacun commente ce qu'il a vu. Le Logicien et le Vieux Monsieur s'installent au café, parallèlement aux deux amis Jean et Bérenger qui échangent leurs réactions opposées face au phénomène tout juste survenu. En même temps que Jean s'insurge, le Logicien explique le système des syllogismes au Vieux Monsieur qui essaie de comprendre, tandis que Bérenger reste tout à fait indifférent à l'événement. Seule l'arrivée de Daisy, une collègue de travail, le sort de sa torpeur. Bérenger fait part à Jean de ses angoisses et son ami le sermonne sur sa médiocrité intellectuelle. Bérenger promet qu'il va faire des efforts au moment où tous voient surgir à nouveau un rhinocéros dans le sens inverse de la première fois. Au deuxième passage de l'animal, le chat est écrasé. Tour à tour, les personnages se regroupent autour de la Ménagère, la consolent, puis se demandent s'il s'agit du même rhinocéros. Jean affirme que le premier avait deux cornes et venait d'Asie, et que le second était unicorne, par conséquent africain. Bérenger se rebelle contre Jean et les deux finissent par se disputer. Furieux, Jean quitte le café, puis tous se mettent à débattre sur l'origine du rhinocéros tandis que Bérenger s'éloigne du groupe, regrettant déjà d'avoir contredit son ami.

Acte II

Premier tableau

La scène se déroule dans le bureau de l'administration où travaille Bérenger. Des didascalies ouvrent l'acte une nouvelle fois et décrivent avec précision l'emplacement des tables, du bureau du « Chef de Service », ainsi que de l'escalier qui donne sur l'entrée. Nous sont ensuite présentés de nouveaux personnages : Le Chef de Service, M. Papillon (« une cinquantaine d'années, vêtu correctement ») ; Dudard, un employé (« trente-cinq ans. Complet gris. ») dont on apprendra par la suite qu'il est juriste, licencié en droit ; Botard (« instituteur retraité ; [...] une soixantaine d'années qu'il porte vertement »), Mme Bœuf (« grosse femme de quarante à cinquante ans, éplorée, essoufflée. »). Botard ouvre le dialogue en mettant tout de suite en doute les témoignages de Daisy, personnage du premier acte que l'on retrouve, ainsi que celui de Dudard qui s'empare du journal comme témoin fiable. Les deux hommes passent leur temps à se contredire. Devant le scepticisme de Botard et l'excitation de Dudard à propos de l'irruption de rhinocéros la veille, M. Papillon se mêle au débat. La parole de Daisy, jeune femme blonde, n'est pas prise au sérieux. Sur ces entrefaites arrive Bérenger, en retard, mais accueilli par Daisy qui le presse pour qu'il signe la feuille de présence avant qu'elle ne la donne au Chef de Service. Bérenger n'est pas davantage pris au sérieux par Botard qui pointe du doigt ses sentiments amoureux pour Daisy et son goût pour l'alcool. M. Papillon s'emploie à tous les remettre au travail mais n'y parvient qu'à moitié, la discussion filant bon train. Il se rend compte qu'un de ses employés, M. Bœuf, est absent. Surgit alors Mme Bœuf, haletante, qui leur apprend que son mari est malade et qu'elle s'est faite poursuivre par un rhinocéros. Au bord du malaise, chacun des employés se regroupe autour d'elle lorsque l'escalier s'effondre. Des barrissements occupent de plus en plus l'attention des personnages et, tandis que chacun délaisse Mme Bœuf pour aller voir le rhinocéros qui est en bas, celle-ci se lève, va les retrouver, et se rend compte qu'il s'agit de son mari métamorphosé en rhinocéros. Elle saute pour le rejoindre, à la surprise de tous. Entre-temps, Daisy est occupée au téléphone avec les pompiers. Le rhinocéros étant apparu sous les yeux de Botard, il ne peut plus nier sa présence mais refuse toujours de l'admettre lorsqu'un pompier s'approche de la fenêtre et demande aux occupants de la salle de sortir rapidement un par un.

Deuxième tableau

Le décor change et représente la chambre de Jean. Celui-ci est couché, dos au public. Le dialogue s'ouvre sur Bérenger qui vient frapper à la porte de Jean pour s'excuser après leur querelle de la veille. Dans un premier temps, c'est le Concierge qui sort car lui aussi répond au nom de Jean. Sa femme rouspète après lui et le fait rentrer. Une fois seul, Jean demande qui est à la porte, vient ouvrir à Bérenger et, après s'être recouché, l'invite à entrer. Bérenger ne le reconnaît pas tout de suite. Jean est pris de fièvre, sa voix devenant de plus en plus rauque. Bérenger s'inquiète pour son ami et lui conseille d'appeler le médecin. Jean refuse à chaque nouvelle proposition. De plus en plus en colère, Jean fait quelques vifs allers-retours à la salle de bain en protestant contre la chaleur qui lui est devenue insupportable tout comme ses vêtements. Alors que Bérenger lui présente ses excuses et tente de lui raconter les derniers faits, il observe son ami et constate que ses symptômes s'aggravent : la bosse entre ses deux yeux grossit, son teint verdit et sa peau durcit progressivement jusqu'à ressembler à du « cuir ». Jean affirme son dégoût pour les hommes puis, irrité par le comportement de Bérenger, il finit par lui foncer dessus. Bérenger esquive le coup et sort précipitamment de la chambre de son ami, prenant conscience qu'il est devenu rhinocéros. Il alerte le Concierge qui ne l'écoute pas et lui « ferme la porte au nez ».

Acte III

Le décor représente la chambre de Bérenger, disposée sur le modèle de celle de Jean à l'exception de quelques meubles et de l'absence d'une loge pour un concierge. Bérenger, une bande autour de la tête, dort mal. La scène s'ouvre sur les cris de Bérenger qui font échos aux barrissements que l'on entend depuis la fenêtre qui donne sur la rue. Il tombe et se réveille en sursaut. Il examine son front pour vérifier qu'il n'a pas de bosse, va pour boire, se retient, puis cède à un verre de cognac. Il est angoissé, terrorisé et de fait met quelques secondes à reconnaître Dudard qui vient lui rendre visite. Son collègue essaie de calmer la nervosité de Bérenger qui provoque sa migraine mais Bérenger est paniqué à l'idée de devenir comme Jean un rhinocéros. Il examine sa toux, se regarde sans cesse. Comme Jean, il se montre agressif envers son collègue. Bérenger avoue qu'il s'est senti trahi et abandonné par son ami, lui qu'il considérait comme un humaniste et un homme de grande volonté. Le phénomène est alors envisagé comme une épidémie, une « rhinocérite » dont les effets devraient peut-être s'estomper plus tard. Bérenger boit beaucoup pour se prémunir de cette maladie contagieuse. Dudard prend alors la défense des rhinocéros, il en dresse un portrait moins négatif, plus humain. Il les accepte. Dudard apprend à Bérenger que M. Papillon est devenu rhinocéros lui aussi. Dudard explique qu'une fois de plus il s'est opposé à la profonde indignation de Botard dont l'attitude était trop « passionnelle », par conséquent trop irréfléchie, « simpliste ». Il ne souhaitait pas défendre les rhinocéros, dit-il, mais nuancer les propos de Botard. Dudard excuse ceux qui choisissent de céder à la métamorphose et provoque ainsi la colère de Bérenger qui se calme à mesure qu'il se rend compte qu'agir de la sorte le rapproche du comportement de

Jean peu avant sa transformation. En regardant par la fenêtre, Bérenger reconnaît le canotier du Logicien devenu rhinocéros lui aussi. Bérenger s'insurge. Sur ces entrefaites arrive Daisy qui vient également prendre des nouvelles de Bérenger. Elle leur apprend que Dudard est devenu rhinocéros. Elle apporte un panier-repas et propose aux deux hommes de déjeuner tous ensemble. Elle s'avance dans la pièce pour prendre des assiettes, et Dudard remarque qu'elle connaît bien les lieux. Au même moment, des rhinocéros forment des troupeaux et tous trois s'aperçoivent qu'ils sont seuls. Dudard se décide à partir rejoindre ces troupeaux. Daisy ne fait aucun geste pour le retenir tandis que Bérenger le supplie de rester, en vain. Bérenger et Daisy se déclarent leur amour et se promettent de ne pas se quitter. Mais Bérenger se sent de plus en plus coupable, révolté contre cette situation alors que Daisy se résigne. Ils finissent par se disputer lorsqu'à l'inverse de Bérenger Daisy refuse de « régénérer l'humanité ». Bérenger craint de la perdre et la gifle impulsivement. Elle le quitte définitivement et rejoint les rhinocéros. Exilé, il s'énerve, se résigne, puis fait le vœu d'être finalement lui aussi rhinocéros. Dans une sorte de monologue final, pris de honte de ne pas être comme tous les autres, il fait l'éloge de la « rhinocérite ». Mais, dans un dernier mouvement réactionnaire, dans un sursaut d'héroïsme, il s'exclame à la fenêtre qu'il veut rester un homme quand bien même il serait le dernier. Il saisit sa carabine et prononce cette dernière phrase : « Je ne capitule pas ! »

LES RAISONS
DU SUCCÈS

Rhinocéros reçoit à chaque représentation l'accueil d'un public très enthousiaste. Si la Seconde Guerre mondiale n'est plus tant d'actualité dans les années 1960, la pièce s'insère dans un contexte historique marqué par la guerre d'Algérie. La société évolue dans un climat idéologique fortement divisé par une opposition droite-gauche. L'insistance du dramaturge tout au long de la pièce sur l'espace scénique divisé en deux parties fait écho à cette rupture idéologique caractéristique de la société de son temps. Pour chaque acte, les didascalies indiquent ce qui se situe à gauche de la scène et ce qui est à droite de la scène : l'épicerie se trouve « assez sur la gauche », sur la droite « la devanture d'un café », et la rue est entre l'épicerie et le côté droit. Jean, le Logicien, le Vieux Monsieur et Daisy entrent par la droite ; Béranger, Daisy une nouvelle fois, et les rhinocéros font leur apparition par la gauche. Daisy se place des deux côtés de la scène : c'est elle qui sera la dernière femme humaine et la dernière femme à devenir rhinocéros. Chaque détail scénique fait écho au message de la pièce et devient symbole. Ce sont des clefs de lecture qui permettent aux spectateurs de comprendre *Rhinocéros*. Ionesco fait le lien entre la montée du nazisme à la fin des années 1930 et l'hystérie collective qui gagne les foules à partir de 1954, début officiel de la guerre d'Algérie. Son public l'entend. La critique ne concerne pas tant un régime totalitaire quel qu'il soit mais plutôt le fanatisme qu'il inspire, ce que Ionesco appelle « l'hystérie collective ». Au premier tableau de l'acte I, lorsqu'on tente de convaincre Botard de l'apparition de rhinocéros, il répond à Dudard : « Psychose collective, M. Dudard, psychose collective ! C'est comme la religion qui est l'opium des peuples. » Il incarne des valeurs marxistes mais l'idéologie poussée à l'extrême l'aveugle. Paniqué à l'idée d'être dupe, il est agressif et devient paranoïaque : « Je ne suis pas dupe.

Je vous ferai connaître le but et la signification de cette provocation ! Je démasquerai les instigateurs ! » Botard envisage le monde sous un angle névrotique qui le rend dangereux. L'idéologie marxiste est ainsi mise en accusation. Dans un entretien accordé au *Figaro littéraire* le 23 janvier 1960, Ionesco explique son choix : « J'ai fait, il y a longtemps déjà, l'expérience du fanatisme. […] C'était terrible […] Le fanatisme défigure les gens […] les déshumanise. J'avais l'impression physique que j'avais affaire à des êtres qui n'étaient plus des humains, qu'il n'était plus possible de s'entendre avec eux. […] J'ai eu l'idée de peindre sous les traits d'un animal ces hommes déchus dans l'animalité, ces bonnes fois abusées, ces mauvaises fois qui abusent. » Bérenger est un anti-héros empreint de mauvaise foi. Il s'invente de multiples excuses pour boire, et se persuade lui-même qu'il n'est pas alcoolique. Son ami Jean trahit sa foi en l'homme et cède à la métamorphose collective. Ce sont les penseurs, les intellectuels comme Dudard qui animent les foules à travers leur parole. Ionesco se sert des moyens qu'offre l'art pour dénoncer un siècle qui a condamné les hommes à la guerre, à la déportation et aux humiliations.

Mais la pièce s'inscrit dans une esthétique d'avant-garde, mouvement littéraire du XIXe siècle dont le terme réapparaît dans les années 1950 pour qualifier le nouveau théâtre de Beckett ou de Ionesco. L'avant-garde se définit par une attitude d'opposition et de rupture avec les normes académiques et les règles de bon goût qui les régissent. Sartre, dans *Qu'est-ce que la littérature ?*, le définit comme un élan contestataire qui provoque un conflit entre l'écrivain et son public. Le dramaturge prend quelques distances avec le mouvement d'avant-garde et fait se mêler une réalité intime, celle qui prend place dans le quotidien, et le genre fantastique à travers l'apparition insolite du rhinocéros sur la place publique et la métamorphose des personnages. Ionesco s'inscrit dans la lignée du dadaïsme, dont le fondateur Tristan Tzara, Roumain lui aussi, cherchait l'incohérence verbale, la reprise en écho d'inepties. Mais, à l'inverse, Ionesco accorde une grande importance à la compréhension. À la suite du mouvement Dada succède le mouvement surréaliste fondé par André Breton. Les deux courants partagent le besoin de représenter les choses physiquement. De ce fait, Ionesco matérialise les idées, fait vivre les accessoires comme les chapeaux, leur donne une consistance certaine, un rôle précis. Il limite le rôle du texte mais ne va pas jusqu'à provoquer un dialogue qui n'a aucun sens. Ionesco souhaite avant tout s'adresser à son public et toucher son raisonnement, par conséquent il veille à la compréhension des spectateurs. C'est ce qui peut expliquer un tel succès. Les dialogues absurdes sont créés non pas pour fracturer le langage et la pensée comme le font des poètes comme Mallarmé avant lui, ou Breton à la même époque, mais pour mettre en évidence les conséquences concrètes de la folie politique.

LES THÈMES PRINCIPAUX

Nous avons déjà relevé le thème du fanatisme qui participe du succès de *Rhinocéros*, mais il existe d'autres thèmes à développer. La métamorphose et la monstruosité, par exemple, sont héritées de Kafka. Le mélange des genres tragique et comique à l'intérieur d'une même pièce, où le rire et les situations burlesques communiquent des angoisses face aux questions existentielles, constitue le théâtre de l'après-guerre.

Gregor Samsa, héros du récit *La Métamorphose* de Franz Kafka, se réveille un matin après une nuit agitée et s'aperçoit qu'il est un énorme cancrelat. Devenu étranger à son propre corps, Gregor développe le thème de l'animalité. Ionesco s'inspire de la métamorphose et traduit l'aliénation de l'homme. Ce sont les hommes qui se transforment en « bêtes cornues », monstrueuses. Tandis que la pièce s'ouvre sur une atmosphère sereine, le climat s'appesantit très vite à travers les angoisses que confie Bérenger à son ami Jean portées par les bruits de souffles et de barrissements. Le registre comique jaillit de l'incongruité des situations, comme par exemple Jean qui sort de sa poche une cravate, un peigne et une glace. Mais la paix est très vite balayée par la traversée fulgurante d'un rhinocéros. Ce sont d'abord des ébahissements et des exclamations qui prêtent à rire. Puis, au second passage, le mal est marqué. Le cadavre du chat expose le système de destruction qui est en marche. L'espace scénique est toujours disposé avec la même opposition gauche-droite et c'est ainsi que la scène devient lieu d'enfermement. Les quatre tableaux (la place, le bureau, la chambre de Jean, la chambre de Bérenger) encerclent les personnages qui ne parviennent pas à exercer une volonté assez solide pour en sortir.

Le schéma se répète. Ce sont les phénomènes d'échos et de répétitions qui mettent en place cette spirale infernale. La mécanisation du langage permet de créer des parallèles entre les personnages. C'est l'exemple de Jean et du Logicien à qui l'on prête les mêmes phrases, de même que l'on rapproche le Vieux Monsieur et Bérenger grâce à leurs réponses identiques. Les affirmations du Logicien foisonnent de contradictions, de même que les propos de Jean s'opposent à son propre comportement. Tous deux sont énergiques et tentent d'attirer l'autre, mais le Vieux Monsieur et Bérenger ne sont pas convaincus. La confrontation des deux dialogues est comique car les raisonnements sont insensés et les certitudes de Jean deviennent aussi absurdes que les réflexions philosophiques du Logicien, cependant l'angoisse de l'incompréhension s'insinue dans chacun des quatre personnages et marque le début d'une tragédie. La reprise des répliques ne s'applique pas qu'à ces deux dialogues mis en scène simultanément. Lorsque le premier rhinocéros a fait son apparition à l'acte I, tous à l'exception de Bérenger crient simultanément : « Oh ! Un rhinocéros ! » La parole des individus se confond dans un mouvement de foule, la personnalité est aspirée. Seule l'apathie de Bérenger résiste. Mis à l'écart à cause de sa conduite et de son alcoolisme latent, il évolue dans un sentiment de solitude qui le met à l'abri de la foule. À la fin de l'acte I, lorsque Jean quitte le café, Bérenger s'isole en proie au regret d'avoir peut-être blessé son ami. Là encore il ne participe pas au débat de tous (le rhinocéros était-il africain ou asiatique ? ; « bicornu » ou « unicorne » ? ; y en avait-il un ou deux ?). Au bureau, Bérenger arrive en retard : dès le début il se place en retrait. Il se rend seul dans la chambre de Jean. Et enfin, héros malgré lui, il assume sa marginalité et ne rejoint pas ses amis et collègues dans les rangs de rhinocéros. Cette attitude le place au rang d'observateur de la transformation des autres. Cela explique pourquoi la seule métamorphose qui se fait sur scène est celle de son ami Jean qu'il est le seul à voir. Elle n'est pas rendue publique, elle exhibe le danger de l'intérieur. Les forces du mal sont représentées aussi bien dans la sphère publique que dans la sphère privée de Bérenger. La répétition d'un geste précis marque l'entrée de l'homme dans le monde animal : Jean enlève ses vêtements tout comme Mme Bœuf avait laissé sa jupe dans les mains de Bérenger qui tentait de la retenir. L'abandon du vêtement marque le renoncement à la condition humaine.

Toutes les autres métamorphoses s'opèrent en coulisses. Mais là encore le phénomène est symbolique. Moins les transformations sont visibles et plus le caractère pernicieux de la fascination qu'exercent les rhinocéros sur les hommes est mis en évidence. À l'acte II, la transformation est d'ordre physique surtout : Bérenger voit les veines de Jean gonfler, la bosse de son front grossir, sa peau changer de couleur et durcir. À l'acte III, la métamorphose touche l'esprit. D'abord Dudard, qui abandonne ses principes d'égalité et de démocratie pour se ranger à la majorité, à ceux qu'il perçoit comme les plus forts. Ensuite Daisy, qui renverse les valeurs du beau et du laid, perçoit les rhinocéros comme des êtres dansants, dont les barrissements mélodieux l'incitent à les rejoindre. À ses yeux, c'est l'homme qui devient laid et l'animal monstrueux un véritable dieu. Elle va même jusqu'à confier à Bérenger : « Ce sont des dieux. » L'idolâtrie qu'elle voue à ces bêtes détruit ce qu'il lui reste d'humanité. Après le passage des rhinocéros, toutes les valeurs sont renversées. Les personnages qui comme Jean affichaient ostensiblement leur volonté et leur dignité à travers de beaux vêtements, comme M. Papillon, se métamorphosent. Ceux qui se pensaient érudits se résignent puis cèdent à l'hystérie collective. Et enfin, Bérenger, qui apparaît tout au long de la pièce comme un sot, un être passif, se révolte dans les derniers instants et lutte seul contre toute une société. Ses faiblesses, comme sa panique ou ses angoisses, sont autant de caractéristiques qui l'humanisent. Jean l'accuse de médiocrité et tous le diabolisent tandis qu'il est le seul à s'être écarté de l'animalité par un effort de volonté.

La pièce se construit autour d'une duplicité permanente. Le rire est investi de tristesse, la connaissance d'ignorance et la volonté de faiblesse. Les accessoires offrent une portée comique à l'œuvre, du panier vide de la Ménagère aux vêtements qui caricaturent les personnages ou à l'escalier qui s'effondre. Ils sont aussi porteurs de sens, tout comme les fenêtres. Elles sont un lieu de passage, un objet qui ouvre sur l'extérieur et qui permet à tous les employés de sortir du bureau et dans le même temps qui isole comme dans la chambre de Bérenger au dernier acte. Chaque objet joue un rôle annonciateur du basculement des hommes vers l'animalité et rend compte de la dualité de l'espace dans lequel évoluent les personnages. L'espace et les objets créent une atmosphère de tension.

Le caractère quotidien rend la scène vivante tandis que le caractère fantastique des métamorphoses suscite la peur. L'angoisse ne naît pas tant de ce qu'on ne connaît absolument pas, mais d'un changement qui bouleverse les habitudes. La « rhinocérite » introduit le chaos. Bérenger incarne la dimension tragique de la pièce : sa lutte intérieure le pousse à douter de sa propre identité parmi tous ces monstres qui l'entourent. En effet, la monstruosité devient conforme au bon goût comme le signifie Daisy, et ce qui était ordinaire devient anormal. Ce renversement provoque le désespoir de Bérenger. Il cherche des images d'homme, se regarde dans le miroir et tente de se convaincre qu'il est un homme, qu'il est beau comme doit l'être un homme. Mais il est accablé par sa solitude et sa différence par rapport aux autres surgit brusquement devant son reflet. Il ne parvient plus à s'identifier. Paradoxalement, c'est cette perte d'identité qui provoque sa révolte : il ne se reconnaît ni en tant qu'être humain ni en tant que rhinocéros et décide alors d'assumer sa différence. Le processus imaginaire de la destruction de l'humanité est concrétisé, matérialisé, par la métamorphose.

ÉTUDE DU MOUVEMENT LITTÉRAIRE

Les œuvres d'Eugène Ionesco s'inscrivent dans ce que l'on appelle à partir des années 1950 « le théâtre de l'absurde ». C'est un critique, Martin Esslin, qui baptise ce mouvement artistique révolutionnaire et le définit comme « l'absurdité foncière de la condition humaine ». Cette forme de théâtre remet en question les formes traditionnelles, les vérités établies mais aussi le langage lui-même.

Le lexique et la syntaxe se distinguent par leur simplicité, mais les bourgeois les accusent de clichés, d'expressions galvaudées. Les dialogues des dramaturges tournent à la parodie, les propos les plus extravagants se tiennent aux moments les plus insolites. Les pièces empruntent les calembours et les personnages de bouffonnerie pour donner au texte une dimension comique, des scènes pleines d'humour mais dont le but est d'encourager la réflexion. Cette nouvelle génération d'auteurs fait sensation sur la scène théâtrale grâce à des écrivains français d'avant-garde tels que Ionesco, Beckett ou encore Jean Genêt. Ces dramaturges travaillent sur le refus de la réalité. Durant la Première Guerre mondiale, ce sont les dadaïstes qui se proposent de choquer la bourgeoisie par des récits fantasques ou une poésie fantaisiste. Sur le plan musical, Stravinsky met au goût du jour des sonorités hardies, empreintes d'une nouvelle vigueur. En poésie, les postsymbolistes scandent les vers libres sur des mesures occultes ou arithmétiques. Puis, les cubistes et les peintres abstraits investissent le monde des arts visuels et ne représentent plus la réalité telle qu'on la voit mais telle qu'ils la sentent. Les dramaturges de l'absurde évoluent dans un environnement artistique en rupture avec la réalité. Imagination, création, subtilité sont les maîtres mots de leur engagement.

Ces auteurs de l'absurde reconnaissent qu'Antonin Artaud (1896-1948) a été le prédécesseur qui leur a ouvert la voie à tous. Bien qu'il n'ait jamais été reconnu de son vivant, Antonin Artaud a consacré toute sa vie à la création d'un théâtre bâti sur des mythes, des symboles et des gestes. Il avait l'ambition d'assainir la scène de sa lourdeur victorienne. Il prônait les effets sonores nouveaux, les jeux de lumières stroboscopiques, les masques, les séquences de rêves d'une étrangeté inquiétante et les fantasmes destructeurs. Il souhaitait créer une forme de délire qui soit communicative. De nos jours, on le cite comme le père du « théâtre de la cruauté ». Ses pièces ont souvent un rapport au sang et se situent aux limites de la folie.

Sur ce modèle, on retrouve Ionesco qui met en scène dans *La Cantatrice chauve* deux époux ordinaires qui se parlent sans communiquer. Ils perdent leur identité progressivement et débitent des platitudes de plus en plus grotesques. Le théâtre de l'absurde fut lancé grâce à la représentation de ce drame comique qui traite simultanément de tout et de rien.

Trois ans après l'apparition de Ionesco surgit Beckett. Celui-ci crée lui aussi un nouveau style de fiction, pessimiste, fait de monologues intérieurs statiques, verbeux, présentés par des personnages malheureux, désespérés, des « rebus de la société ». *En attendant Godot*, sa première pièce dont les deux personnages principaux sont des clochards, lui vaut un succès immédiat. Le théâtre de l'absurde expose une déchéance progressive visible sur scène.

Les pièces de Genêt exhibent une haine certaine pour la société, que l'on retrouve en filigrane chez chaque auteur mais avec plus ou moins d'intensité. Adamov met en place une mécanisation des personnages : tout comme chez Ionesco, la destruction est imminente mais ne prend place généralement que dans les coulisses, augmentant l'inquiétude du spectateur. On traite de l'absurde comme une quête sans espoir du sens de la vie. L'humour noir est un trait caractéristique de ce théâtre au croisement des dimensions comiques et tragiques ; on valorise la démence pour la déplorer ensuite. L'ambiance joyeuse des pièces s'assombrit très vite par un climat de violentes tensions entre les personnages ou dans leur rapport à la société, la *polis* au sens grec de cité, de peuple.

Les dramaturges tels que Ionesco ou encore Adamov posent les questions existentielles que le public formule dans l'intimité, pour reprendre les mots de Beckett dans sa nouvelle qui s'intitule *Compagnie* : lorsqu'il est « seul dans le noir ». Le théâtre de l'absurde propose des questions métaphysiques qui expérimentent la vacuité de la réalité et de sa propre existence.

En un mot, le théâtre de l'absurde établit une mise en accusation du conformisme et un renversement de l'ordre établi à l'intérieur ou en dehors de soi.

DANS LA MÊME COLLECTION
(par ordre alphabétique)

- **Anonyme**, *La Farce de Maître Pathelin*
- **Anouilh**, *Antigone*
- **Aragon**, *Aurélien*
- **Aragon**, *Le Paysan de Paris*
- **Austen**, *Raison et Sentiments*
- **Balzac**, *Illusions perdues*
- **Balzac**, *La Femme de trente ans*
- **Balzac**, *Le Colonel Chabert*
- **Balzac**, *Le Lys dans la vallée*
- **Balzac**, *Le Père Goriot*
- **Barbey d'Aurevilly**, *L'Ensorcelée*
- **Barbey d'Aurevilly**, *Les Diaboliques*
- **Bataille**, *Ma mère*
- **Baudelaire**, *Les Fleurs du Mal*
- **Baudelaire**, *Petits poèmes en prose*
- **Beaumarchais**, *Le Barbier de Séville*
- **Beaumarchais**, *Le Mariage de Figaro*
- **Beauvoir**, *Mémoires d'une jeune fille rangée*
- **Beckett**, *En attendant Godot*
- **Beckett**, *Fin de partie*
- **Brecht**, *La Noce*
- **Brecht**, *La Résistible ascension d'Arturo Ui*
- **Brecht**, *Mère Courage et ses enfants*
- **Breton**, *Nadja*
- **Brontë**, *Jane Eyre*
- **Camus**, *L'Étranger*
- **Carroll**, *Alice au pays des merveilles*
- **Céline**, *Mort à crédit*

- **Céline**, *Voyage au bout de la nuit*
- **Chateaubriand**, *Atala*
- **Chateaubriand**, *René*
- **Chrétien de Troyes**, *Perceval*
- **Cocteau**, *La Machine infernale*
- **Cocteau**, *Les Enfants terribles*
- **Colette**, *Le Blé en herbe*
- **Corneille**, *Le Cid*
- **Crébillon fils**, *Les Égarements du cœur et de l'esprit*
- **Defoe**, *Robinson Crusoé*
- **Dickens**, *Oliver Twist*
- **Du Bellay**, *Les Regrets*
- **Dumas**, *Henri III et sa cour*
- **Duras**, *L'Amant*
- **Duras**, *La Pluie d'été*
- **Duras**, *Un barrage contre le Pacifique*
- **Flaubert**, *Bouvard et Pécuchet*
- **Flaubert**, *L'Éducation sentimentale*
- **Flaubert**, *Madame Bovary*
- **Flaubert**, *Salammbô*
- **Gary**, *La Vie devant soi*
- **Giraudoux**, *Électre*
- **Giraudoux**, *La Guerre de Troie n'aura pas lieu*
- **Gogol**, *Le Mariage*
- **Homère**, *L'Odyssée*
- **Hugo**, *Hernani*
- **Hugo**, *Les Misérables*
- **Hugo**, *Notre-Dame de Paris*
- **Huxley**, *Le Meilleur des mondes*
- **Jaccottet**, *À la lumière d'hiver*
- **James**, *Une vie à Londres*
- **Jarry**, *Ubu roi*
- **Kafka**, *La Métamorphose*

- **Kerouac**, *Sur la route*
- **Kessel**, *Le Lion*
- **La Fayette**, *La Princesse de Clèves*
- **La Fayette**, *La Princesse de Montpensier*
- **Le Clézio**, *Mondo et autres histoires*
- **Levi**, *Si c'est un homme*
- **London**, *Croc-Blanc*
- **London**, *L'Appel de la forêt*
- **Maupassant**, *Boule de suif*
- **Maupassant**, *Le Horla*
- **Maupassant**, *Une vie*
- **Molière**, *Amphitryon*
- **Molière**, *Dom Juan*
- **Molière**, *L'Avare*
- **Molière**, *Le Malade imaginaire*
- **Molière**, *Le Tartuffe*
- **Molière**, *Les Fourberies de Scapin*
- **Musset**, *Les Caprices de Marianne*
- **Musset**, *Lorenzaccio*
- **Musset**, *On ne badine pas avec l'amour*
- **Perec**, *La Disparition*
- **Perec**, *La Vie mode d'emploi*
- **Perec**, *Les Choses*
- **Perrault**, *Contes*
- **Prévert**, *Paroles*
- **Prévost**, *Manon Lescaut*
- **Proust**, *À l'ombre des jeunes filles en fleurs*
- **Proust**, *Albertine disparue*
- **Proust**, *Du côté de chez Swann*
- **Proust**, *Le Côté de Guermantes*
- **Proust**, *Le Temps retrouvé*
- **Proust**, *Sodome et Gomorrhe*
- **Proust**, *Un amour de Swann*

- **Queneau**, *Exercices de style*
- **Quignard**, *Tous les matins du monde*
- **Rabelais**, *Gargantua*
- **Rabelais**, *Pantagruel*
- **Racine**, *Andromaque*
- **Racine**, *Bérénice*
- **Racine**, *Britannicus*
- **Racine**, *Phèdre*
- **Renard**, *Poil de carotte*
- **Rimbaud**, *Une saison en enfer*
- **Sagan**, *Bonjour tristesse*
- **Saint-Exupéry**, *Le Petit Prince*
- **Sarraute**, *Enfance*
- **Sarraute**, *Tropismes*
- **Sartre**, *Huis clos*
- **Sartre**, *La Nausée*
- **Senghor**, *La Belle histoire de Leuk-le-lièvre*
- **Shakespeare**, *Roméo et Juliette*
- **Steinbeck**, *Les Raisins de la colère*
- **Stendhal**, *Le Rouge et Le Noir*
- **Stendhal**, *La Chartreuse de Parme*
- **Verlaine**, *Romances sans paroles*
- **Verne**, *Une ville flottante*
- **Verne**, *Voyage au centre de la Terre*
- **Vian**, *J'irai cracher sur vos tombes*
- **Vian**, *L'Arrache-cœur*
- **Vian**, *L'Écume des jours*
- **Voltaire**, *Candide*
- **Voltaire**, *Micromégas*
- **Zola**, *Au Bonheur des Dames*
- **Zola**, *Germinal*
- **Zola**, *L'Argent*
- **Zola**, *L'Assommoir*

- **Zola**, *La Bête humaine*
- **Zola**, *Nana*
- **Zola**, *Pot-Bouille*